20 Décembre 1907

M. Arthur [illegible]

CATALOGUE

DES

PORCELAINES ANCIENNES

DE SÈVRES, SAXE, VIENNE & DE CHINE

FAÏENCES FRANÇAISES

IMPORTANTE GARNITURE DE CINQ VASES DE MARSEILLE

Pièces de formes de Nevers, Rouen, Moustiers et Delft doré

SCULPTURES SUR MARBRE ET SUR BOIS

TABLEAUX DE L'ÉCOLE FRANÇAISE DU XVIIIe SIÈCLE

GRAVURES ANGLAISES

BRONZES D'ART ET D'AMEUBLEMENT

LOUIS XV ET LOUIS XVI

BIJOUX — ÉVENTAILS — DENTELLES

MEUBLES DU XVIIIE SIÈCLE

Deux Commodes : l'une signée Buisson, l'autre H. Wime

Desserte, Coiffeuse, Bureau cylindre

Meubles styles Renaissance et Louis XVI, de Dromard et de Nelson

AMEUBLEMENT DE SALON EN TAPISSERIE D'AUBUSSON

STYLE LOUIS XVI

TAPISSERIE — TAPIS D'ORIENT

DONT LA VENTE AURA LIEU

HOTEL DROUOT — SALLE N° II

Le Vendredi 20 Décembre 1907 à 2 heures

Me F. LAIR-DUBREUIL	M. Arthur BLOCHE
COMMISSAIRE-PRISEUR	EXPERT PRÈS LA COUR D'APPEL
6 — Rue Favart — 6	*52 — Rue de Châteaudun — 52*

EXPOSITION PUBLIQUE

Le Jeudi 19 Décembre 1907, de 2 heures à 6 heures

CONDITIONS DE LA VENTE

Elle sera faite au comptant.

Les acquéreurs payeront *dix pour cent* en sus des enchères.

L'exposition permettant au public de se rendre compte de l'état et de la nature des objets, il ne sera admis aucune réclamation une fois l'adjudication prononcée.

DÉSIGNATION

TABLEAUX

BOUCHER (Attribué à François)

1 — Maternité.

Esquisse en grisaille.

DANLOU (Attribué à)

2-3 — Portraits de jeune dame de la Cour et de Jeune seigneur.

Cadres du temps.

RIGAUD (Attribué à Hyacinthe)

4 — Portrait du comte de Toulouse en costume d'amiral portant l'ordre de Saint-Louis.

Cadre en bois sculpté et doré de l'époque.

VESTIER (Attribué à)

5 — Portrait de jeune femme à corsage décolleté et rubans dans les cheveux.

Cadre ancien en bois sculpté.

VINCENT

6 — Portrait de gentilhomme et de Grande Dame de l'Epoque.

Cadres en bois sculpté et doré.

ECOLE FRANÇAISE XVIIIe SIÈCLE

7 — La Marquise de Pompadour représentée en Diane.

8 — Portrait d'un peintre de l'époque.

Cadre ovale en bois sculpté et doré ancien.

9 — Portrait de grande dame représentée assise en costume de cour avec manteau d'hermine.

Cadre en bois sculpté et doré de l'Époque.

ÉCOLE ANCIENNE

10 — Scène mythologique.

Cadre ancien bois sculpté et doré.

DESSINS, GRAVURES ANGLAISES

BARTOLOZZI

11 — La Promenade.

Dessin signé du monogramme et daté 1798.
Cadre en bois sculpté et doré Louis XVI.

CECIL ALDIN

12 — Bluemarket Races.

Six gravures en couleur, encadrées.

13 — Deux équipages de chasse à courre et deux mail-coachs.

Quatre frises en couleur, encadrées.

14 — Hyde-Park-Brighton.

Deux gravures en couleur, encadrées.

15 — Cavaliers et voitures.

Deux petites frises en couleur, encadrées.

IDEAS D'ALKEN

16 — Scènes de sports.

Huit pièces anglaises en couleur, encadrées.

THACKERAY

17 — Scènes sportives humoristiques.

Quatre pièces anglaises en couleur encadrées.

GERBAULT

18 — Rien à dire. Triste !

Deux dessins originaux à la plume

ZIEM (Genre de)

19 — Constantinople.

BIJOUX, ÉVENTAILS, DENTELLES

20 — Broche pendentif forme nœud pavé de roses, enrichi de trois brillants et d'une perle poire.

21 — Chaine-sautoir avec broche en or ciselé montées d'émeraudes et de tourmalines.

22 — Bague en or, topaze montée à griffes.

23 — Broche et pendants d'oreilles en or avec camées monture enrichie de demi-perles.

24 — Agrafe de manteau en métal. Style Renaissance.

25 — Eventail Louis XV, feuille représentant les causeries galantes dans un riant paysage, monture en nacre sculptée à médaillons, l'escarpolette et divertissements champêtres encadrés de rocailles.

26 — Eventail d'époque Louis XV monture en nacre repercée et dorée, feuille gouachée à sujet allégorique, médaillons à paysages et marines.

27 — Eventail en ivoire repercé et gravé feuille peinte représentant « La Collation », XVIIIe siècle.

28 — Eventail d'époque Louis XVI monture en nacre ajourée rehaussée de dorures, feuille peinte présentant un groupe de personnages jouant au jeu du volant.

29 — Eventail d'époque Louis XVI feuille décorée d'un médaillon à sujet galant de guirlandes de fleurs et de paillettes en métal.

30 — Eventail d'époque Louis XV monture en ivoire finement sculpté et repercé feuille peinte présentant le Triomphe de l'Amour.

31 — Eventail d'époque Louis XV monture en ivoire sculpté et repercé, feuille peinte présentant : La Démonstration scientifique; des groupes d'enfants, des fleurs, des trophées divers et des volatiles.

32 — Eventail monture en ivoire ajouré feuille peinte à sujet galant, groupe de moutons et enfant se livrant à des jeux divers.

33 — Voilette en dentelle application.

34 — Feuille d'écran en satin de Chine blanc brodé de fleurs, d'arbres et d'oiseaux en soies de couleur.

PORCELAINES

35 — Deux petits groupes en ancien biscuit : Le tailleur de pierres et la marchande d'huîtres.

36 — Vase en ancienne porcelaine de Saxe, forme élégante à double panse cintrée, décor à bouquets de fleurs avec anses a rocailles ornées de figures d'amours travestis et de guirlandes de fleurs et de fruits, en ronde bosse. Le couvercle ajouré.

37 — Tête à tête porcelaine de Sèvres composé d'un plateau, deux tasses, pot à crême et sucrier décor à rubans festonnés au trait d'or avec guirlandes de fleurs en bleu.

38 — Solitaire en ancienne porcelaine de Vienne, plateau, verseuse, sucrier, tasse et soucoupe décor à bouquets de fleurs.

39 — Tasse droite avec soucoupe en ancienne porcelaine de Sèvres, pâte tendre décor médaillon à scène champêtre en camaïeu rose, encadrement relevé d'or.

40 — Petite coupe en ancienne porcelaine de Sèvres, fond violet or avec bande fond blanc à fleurs.

41 — Deux assiettes en ancienne porcelaine de Sèvres pâte tendre décor à guirlandes de fleurs et bouquets de roses au centre.

42 — Deux tasses et soucoupes en ancienne porcelaine de Sèvres, pâte tendre décor à bouquets de fleurs.

43 — Tasse et soucoupe en vieux Vincennes, pâte tendre décor à fleurs.

44 — Tasse et soucoupe en vieux Sèvres décor fond bleu à guirlandes de fleurs.

45 — Groupe en biscuit représentant la Toilette de Diane, d'après Falconnet.

46 — Statuette en biscuit : la Chanson, de Charpentier.

47 — Deux grands vases en porcelaine de Sèvres, décor gros bleu à filets or.

48 — Coupe en porcelaine de Saxe, portée par un groupe allégorique.

49 — Grande vasque en porcelaine de Chine fond bleu décorée de fleurs et de dragons, sur colonne cannelée en bois noir.

FAIENCES

50 — Importante garniture de cinq vases en ancienne faïence de Marseille, décorés de guirlandes de fruits et de fleurs en relief se détachant autour de la panse, avec couvercles ornés de groupes de fleurs et de fruits. Ensemble rare.

51 — Gourde en ancienne faïence de Nevers fond gros bleu, décor à fleurs en jaune d'ocre et sopra-bianco.

52 — Grande jardinière ovale en ancienne faïence de Nevers fond gros bleu, décor à jetées de fleurs et oiseaux en sopra-bianco.

53 — Hanap en ancienne faïence de Nevers, décor à fleurs et feuillages en jaune et sopra-bianco.

54 — Vase avec couvercle en ancienne faïence de Nevers, décoré de tulipes, de marguerites et de feuillages en jaune d'ocre et sopra-bianco.

55 — Six assiettes en ancienne faïence de Marseille décorées de scènes champêtres, bordures à coquilles et jetées de fleurs.

56 — Jardinière à deux étages en ancienne faïence de Marseille, décor à fleurs, bordure dite feuilles de choux.

57 — Deux petits seaux en ancienne faïence de Marseille, décor à bouquets de fleurs.

58 — Deux assiettes en ancienne faïence de Delft, décor polychrome et or.

59 — Vase en ancienne faïence de Rouen, décor lambrequins et fleurs en bleu et rouge.

60 — Jardinière à bords dentelés en ancienne faïence de Niederwiller, décor à fleurs et grandes palmes, ornée de deux anses à branchages.

61 — Soupière oblongue avec plateau et couvercle en ancienne faïence de Moustiers, décor à médaillons sujéts mythologiques en polychrome, guirlandes et chutes de fleurs en jaune.

62 — Grand vase à couvercle en faïence émaillée, décoré en relief d'une ronde de sorcières.

63 — Encrier en céramique monté en étain.

64 — Jardinière en faïence de Vallauris à figure de coq debout.

SCULPTURES

65 — Statuette en marbre : Vénus.

66 — Baptistère en marbre de couleur. XVIIe siècle.

67 — Statuette en terre cuite : saint Paul.

68 — Deux petits bas-reliefs en terre cuite : Flore et Cérès.

69 — Deux statuettes d'anges en bois sculpté.

70 — Buste de sainte femme en bois sculpté, peint et doré, présentant de la main gauche un groupe de Vierge et Enfant.

71 — Deux statues de saint et de sainte en bois sculpté et peint.

72 — Deux appliques en bois sculpté et doré, modèle à mascarons retenant un bras tendu supportant des candélabres à sept lumières électriques.

73 — Deux gaînes en marbre noir, parties en marbre de couleur, forme Louis XIV, sculptées à moulures.

74 — Deux petits supports-appliques à figures de chérubins en bois sculpté, peint et doré.

75 — Groupe en bois sculpté, peint et doré.

76 — Christ en bois sculpté et peint sur croix de bois noir.

77 — Statuette d'évêque tenant sa crosse en bois sculpté et peint.

78 — Christ en bois sculpté et peint, travail espagnol xviie siècle sur croix de bois noir.

79 — Deux boiseries sculptées, travail japonais.

BRONZES, FERS, CUIVRES

80 — Jolie pendule en bronze ciselé et doré à rocailles, chute d'eau coulant d'une conque sous un fragment de bosquet, posant sur une élégante console adhérente, époque Louis XV. La lunette, le cadran et le mouvement d'époque postérieure.

81 — Grand vase brûle-parfums, modèle du Garde-Meuble, en marbre vert de mer orné de bronzes ciselés et dorés, anses formées de figurines de femmes. Style Louis XVI.

82 — Deux statuettes de petit garçon et de petite fille en composition.

83 — Cartel en bronze ciselé et doré à fleurs, rocailles et figure de petit Chinois. Style Louis XV.

84 — Deux appliques à trois lumières en bronze doré d'après le dessin de Caffiéri à rocailles, fleurs et rocailles. Style Louis XV.

85 — Garniture de cheminée composée d'une pendule forme monument en marbre garni de bronzes dorés et de deux vases en marbre blanc montés en bronze doré. Epoque Louis XVI.

86 — Pendule forme monument en bronze ciselé et doré. Epoque Directoire.

87 — Statuette en bronze à patine dorée « L'Hirondelle blessée » de A. Boucher. Edition de Susse frères. Haut. 0m48.

88 — Statuette en bronze : Narcisse.

89 — Cartel en bronze doré forme lyre, encadré de feuillages et surmonté d'un nœud de rubans. Style Louis XVI.

90 — Pendule en bronze partie doré à figure de bacchante assise sur le cadran. Commencement du XIXe siècle.

91 — Pendule forme corbeille en bronze patiné et doré. Premier Empire.

92 — Paire de flambeaux à figures humaines en bronze. XVIe siècle.

93 — Aquamanille forme quadrupède en bronze.

94 — Petit buste de Napoléon Ier en bronze.

95 — Groupe en bronze de Cain : Oiseau pris au piège.

96 — Bougeoir trépied en fer.

97 — Deux sonnettes en bronze.

98 — Petit canon en bronze avec affût et avant-train.

99 — Deux petits bustes en bronze doré : Voltaire et Rousseau ; socles en marbre blanc.

100 — Paire de flambeaux d'autel en bronze. XVIIe siècle.

101 — Paire de grands flambeaux en bronze poli, disposés pour l'électricité.

102 — Flambeau en bronze à figure d'amour tenant une lumière électrique en bronze doré. Signé M. Hiolle.

103 — Flambeau analogue au précédent. Signé G. de Kervéguen.

104 — Deux bras d'appliques à une lumière, en fer forgé.

105 — Paire de landiers en fer forgé à serpents enroulés.

106 — Grande grille de foyer en fer forgé.

107 — Deux potences de foyer en fer forgé.

108 — Grille d'intérieur de foyer en fonte.

OBJETS DIVERS

109 — Porte huilier en argent. Premier Empire.

110 — Écritoire plaquée d'ébène à filets de cuivre.

111 — Sabre de fantassin garni en cuivre.

112 — Balance avec plateaux en cuivre.

MEUBLES

113 — Commode de forme ventrue et cintrée sur les côtés en bois rose et marqueterie à vase de fleurs, garnie de bronzes dorés à rocailles, entrées de serrures ornées de la fleur de lys, signée Buisson. Époque Louis XV; dessus en marbre gris et rose.

114 — Desserte en bois d'acajou moucheté, cintrée sur les côtés, ornée d'encadrements à perlés et d'une frise à feuilles d'acanthe en bronze doré, dessus et tablette d'entre-pieds en marbre blanc. Époque Louis XVI.

115 — Table coiffeuse en bois rose et satiné, marqueterie à damiers. Époque Louis XV.

116 — Meuble à hauteur d'appui, forme mi-circulaire en bois noir, orné de bronzes ciselés et dorés; travail très curieux d'ébénisterie, renfermant à l'intérieur un coffre-fort formant casier et vitrine s'ouvrant par un secret à coulisse, évoluant sur lui-même.

117 — Bureau à cylindre en acajou, le haut formant bibliothèque posant sur quatre pieds fuselés à cannelures. Époque Louis XVI.

118 — Commode d'époque Louis XIV en bois de placage ouvrant à quatre tiroirs; montants à cannelures de cuivre; ornements en bronze doré, dessus de marbre. Elle porte la signature : H. Wime.

119 — Coffre en bois décoré de panneaux gothiques à fenestrages sur table support.

120 — Bureau de dame de forme contournée en bois de violette, décoré genre vernis Martin, ouvrant à abattant et garni de tiroirs; ornements de bronze doré formant encadrement. Style Louis XV.

121 — Grande armoire à deux portes en noyer sculpté, xviiie siècle.

122 — Bureau de dame en bois de placage garni de bronzes. Style Louis XV.

123 — Lit de milieu en bois de noyer sculpté, fronton à coquille et guirlande de fleurs, de la maison Nelson.

124 — Lit de milieu en noyer sculpté et ciré de style Henri II, avec son sommier.

125 — Armoire à glace en noyer sculpté et ciré de même style.

126 — Petite table de chevet en marqueterie de bois rose, style xviiie siècle.

127 — Lit en bois sculpté peint gris fronton à couronne de fleurs et palmes garni de canne, style Louis XVI, avec son sommier.

128 — Petit guéridon à deux étages en acajou garni de bronzes, style Louis XVI.

129 — Glace dans un cadre en acajou à moulures de cuivre.

130 — Dressoir en chêne sculpté et ciré de style Louis XV.

131 — Table à jeu en palissandre sculpté et ciré de *Dromard*.

132 — Quatre chaises en palissandre sculpté et ciré de style Louis XVI garnis de canne dorée, de *Dromard*.

133 — Meuble de salon en bois de noyer sculpté et ciré de style Louis XVI garni en tapisserie d'Aubusson composé de : un canapé et six fauteuils ; le canapé offre sur le siège un combat de coqs et au dossier un loup poursuivi par des paysans, les fauteuils présentent sur les sièges des scènes de chasse et aux dossiers des sujets variés à personnages dans des paysages.

134 — Deux canapés en bois sculpté et doré garnis de canne dorée, décorés sur le devant d'une guirlande de fleurs et garnis de coussins en velours frappé vieux rose, de la maison Nelson.

135 — Chaise-longue en trois parties en bois sculpté et doré de style Louis XV, garnie en soie brochée fond crème.

136 — Petit tabouret Louis XVI en bois sculpté garni de velours rouge.

137 — Petite table trépieds en bois sculpté ceinture cannelée, garnie d'un tiroir.

138 — Tabouret de piano couvert en tapisserie.

139 — Canapé et deux fauteuils Louis XVI en bois doré recouverts de canne dorée.

140 — Classeur à coulisse en noyer.

141 — Secrétaire-chiffonnier en bois d'érable.

TAPISSERIES, TAPIS D'ORIENT

142 — Tapisserie verdure animée de volatiles, avec vue de château en perspective, bordure à fleurs et oiseaux. XVIIIe siècle.

143 — Trois grandes carpettes d'Orient.

144 — Deux petits tapis d'Orient.

145 — Objets omis.

www.ingramcontent.com/pod-product-compliance
Ingram Content Group UK Ltd.
Pitfield, Milton Keynes, MK11 3LW, UK
UKHW032030260826
14628UKWH00006B/2849

9 782329 512556